BEI GRIN MACHT SICH IHR WISSEN BEZAHLT

- Wir veröffentlichen Ihre Hausarbeit, Bachelor- und Masterarbeit

- Ihr eigenes eBook und Buch - weltweit in allen wichtigen Shops

- Verdienen Sie an jedem Verkauf

Jetzt bei www.GRIN.com hochladen und kostenlos publizieren

Bibliografische Information der Deutschen Nationalbibliothek:

Die Deutsche Bibliothek verzeichnet diese Publikation in der Deutschen Nationalbibliografie; detaillierte bibliografische Daten sind im Internet über http://dnb.d-nb.de/ abrufbar.

Dieses Werk sowie alle darin enthaltenen einzelnen Beiträge und Abbildungen sind urheberrechtlich geschützt. Jede Verwertung, die nicht ausdrücklich vom Urheberrechtsschutz zugelassen ist, bedarf der vorherigen Zustimmung des Verlages. Das gilt insbesondere für Vervielfältigungen, Bearbeitungen, Übersetzungen, Mikroverfilmungen, Auswertungen durch Datenbanken und für die Einspeicherung und Verarbeitung in elektronische Systeme. Alle Rechte, auch die des auszugsweisen Nachdrucks, der fotomechanischen Wiedergabe (einschließlich Mikrokopie) sowie der Auswertung durch Datenbanken oder ähnliche Einrichtungen, vorbehalten.

Impressum:

Copyright © 2017 GRIN Verlag
Druck und Bindung: Books on Demand GmbH, Norderstedt Germany
ISBN: 9783668686250

Dieses Buch bei GRIN:

https://www.grin.com/document/420602

Alina Weber

Heinrich I. Die Königserhebung

GRIN Verlag

GRIN - Your knowledge has value

Der GRIN Verlag publiziert seit 1998 wissenschaftliche Arbeiten von Studenten, Hochschullehrern und anderen Akademikern als eBook und gedrucktes Buch. Die Verlagswebsite www.grin.com ist die ideale Plattform zur Veröffentlichung von Hausarbeiten, Abschlussarbeiten, wissenschaftlichen Aufsätzen, Dissertationen und Fachbüchern.

Besuchen Sie uns im Internet:

http://www.grin.com/

http://www.facebook.com/grincom

http://www.twitter.com/grin_com

Heinrich I. –
Die Königserhebung

Alina Weber

Geschichtsschreibung als Teil der „Karolingischen Renaissance"
WS 2013/14

1. Einleitung

Heinrich wurde als dritter Sohn Ottos des Erlauchten um 876 geboren. Vermutlich etwas früher als im Frühjahr 906 vertraute ihm sein Vater ein militärisches Kommando gegen das slawische Volk der Daleminzier in der Gegend von Meißen an.[1] Um dieselbe Zeit heiratete Heinrich, wobei sein Vater Otto als Familienoberhaupt gewiss das letzte Wort der Entscheidung bei der Auswahl der zukünftigen Gattin und dem Zustandekommen der Ehe hatte. Hatheburg, die Tochter Erwins, wurde auserwählt. Der Adelige Erwin besaß den größten Teil der Merseburger Burg. Erwin hatte keinen Sohn, weshalb er sein reiches Erbe seiner Tochter Hatheburg und ihrer Schwester überließ. Der erste Mann von Hatheburg war verstorben, sodass sie bereits den Witwenschleier und eine Wohnung in einem Kloster genommen hatte. Dem kirchlichen Verständnis zufolge war somit eine erneute Heirat ausgeschlossen. Heinrich warb jedoch so hartnäckig um Hatheburg, bis sie schließlich der Ehe einwilligte. So nahm Heinrich Merseburg in Besitz.[2] Bischof Siegmund von Halberstadt untersagte Heinrich die eheliche Gemeinschaft mit Hatheburg. Vermutlich sei es nur der Intervention des Königs zu verdanken gewesen, dass der Bischof diese Sanktion zurückzog. Heinrich weg schien somit festgelegt: Als regionaler Machthaber in und um Merseburg.

2. Heinrich als alleiniger Erbe seines Vaters

Heinrichs Leben nahm eine bedeutsame Wendung als seine älteren Brüder Thankmar und Liudolf starben. Dies ereignete sich noch vor dem Tod von Otto dem Erlauchten. Somit wurde Heinrich zum alleinigen Erben seines Vaters. Bis dorthin war Heinrich ein nachgeordneter Anwärter für das Erbe väterlicherseits, wofür ebenso die Ehe mit Hatheburg spricht. Ihre Familie war sicherlich viel unbedeutender als die Liudolfinger, brachte

---

[1] Vgl. Widukind von Corvey, Rerum gestarum Saxonicarum libri tres, ed. Paul Hirsch/Hans Eberhard Lohmann, Hannover 1935, S.27.
[2] Vgl. Thietmar von Merseburg, Chronicon, ed. Robert Holtzmann, Berlin 1935, S.8.

aber dafür als Erbtochter größeren Landbesitz in und um Merseburg in die Ehe. Somit war Hatheburg die ideale Partie für den Heinrich als Drittgeborenen, da ihr Vermögen ihn vermutlich dafür entschädigen sollte, dass er an den Amtsgütern und Lehen seiner Familie nicht so großen Anteil haben sollte wie seine älteren Brüder. Zudem wurde er so vom Zentrum der Herrschaft der Liudolfinger ferngehalten, da sein Wirkungsbereich mit Merseburg als Zentralort deutlich auf das Nachbarland zu den Slawen hin ausgerichtet sein würde. Ein Engagement in der Reichspolitik war von dort aus sicherlich nicht ausgeschlossen, aber dennoch um einiges schwerer zu vollziehen als von den Zentralgebieten der Luidolfinger rund um den Harz. Als voraussehbar war das Heinrich der alleinige Erbe seines Vaters werden sollte, wurde bewusst, dass die Ehe mit Hatheburg eher unvorteilhaft war. Ihre Ehe stand somit wieder zur Disposition und Heinrich quälten plötzlich Gewissenbisse aufgrund der aus kirchlicher Perspektive unerlaubten Heirat. Heinrich erreichte die Auflösung seiner Ehe, obwohl daraus bereits sein Sohn Thankmar hervorgegangen war. Merseburg besaß Heinrich für sich, während Hatheburg wieder ins Kloster entlassen wurde.

2.1 Die Heirat mit Mathdile

Diese Kehrtwende Heinrich lässt sich darin begründen, dass er eine günstigere Ehe anstrebte. Im Jahr 909 heiratete er Mathilde, welche die Tochter des westfälischen Grafen Dietrich und dessen Gemahlin Reinhild. Otto der erlauchte gab den Anstoß zu diesem Ehebund, der Mathilde als Gemahlin seines Sohnes Heinrich auserwählt hatte. Dies ist ebenso der Grund für die Annahme, dass Otto zuvor Hatheburg für seinen jüngsten Sohn ausgesucht hatte. Als dann die beiden älteren Söhne gestorben waren und somit die Konstellation seiner Familie grundlegend verändert wurde, war Otto dringend an einer anderen Braut für Heinrich interessiert. Diese sollte seinen überregionalen Belangen stärker entgegen kam als die Ehe mit einem wohl nur Lokal gewichtigen Geschlecht im Osten

Sachsens. Dietrich, der neue Schwiegervater Heinrich stammte aus der Familie der Immedinger, leistete Karl dem Großen lange widerstand. Mathilde gehörte zu einer adeligen Verwandtschaft, eine der vornehmsten der damaligen Zeit. Ihre Mutter Reinhilde stammte aus einer adeligen Familie mit dänisch-friesischen wurzeln. Die Mutter Dietrichs war eine Tochter Ekberts, womit verwandtschaftliche Verbindung zu einem weiteren mächtigen Geschlecht Westfalens bestand. Dietrichs Brüder waren Widukind, Immed und Reginbern. Schließlich war es sogar möglich, dass Friderun, die erste Gemahlin des westfränkischen Königs Karl der Einfältige mit Mathilde verwandt gewesen ist.[3] Bei der Konstellation zwischen Mathilde und Heinrich stimmte alles, nicht nur das hochadelige Geschlecht der Braut, sondern auch die Mächtige Stellung ihrer Familie. Mathilde war jedoch keine Erbtochter. Dies fiel nicht so sehr ins Gewicht, da Heinrich der alleinige Erbe seines Vaters war. Mathilde wurde im Kloster Herford erzogen, die als Witwe Äbtissin des Stifts geworden war. Das Augenmerk der quellen richtet sich weniger auf die Politischen Umstände der Ehe und viel mehr auf die Schönheit der Braut. Dieser Aspekt soll der Anlass seiner Werbung gewesen sein. Heinrich erschien mit stattlichem Gefolge in Herford und bat die Äbtissin um die Hand von Mathilde.

Als Otto der Erlauchte am 30. November 912 verstarb, gingen die reichen Erbgüter an Heinrich. Was sollte aber mit den Grafschaften und den anderen königlichen Lehen geschehen? König Konrad kam nach Corvey, um dieser Frage nach zu gehen. Er bestätigte in Kassel dem Kloster Hersfeld das Recht der freien Abtswahl. Infolgedessen bestätige er ebenso die gegen die Liudolfinger gerichteten Verfügungen seines Vorgängers. Somit war es Heinrich nicht möglich die Nachfolge seine Vaters als Abt anzutreten. Er musste Hersfeld verloren geben, wollte sich damit aber nicht abfinden und behielt vermutlich einige Güter des Klosters.

---

[3] Vgl. Becher, Matthias, Otto der Große, München 2012, S.76.

Im hessisch-sächsischen Nachbarland musste Heinrich sich vor allem mit Eberhard auseinander setzen, dem jüngeren Bruder des Königs. Womöglich teilten sich Konrad I. und sein Bruder Eberhard ihre Aufgaben. Während Konrad I. seine Autorität in Lotharingien und im Süden des Reiches zum Ausdruck bringen sollte, war es die Aufgabe Eberhards im Norden für Ruhe zu sorgen. Er scheiterte jedoch bei einem militärischen verstoß gegen die Eresburg, wobei die Quellen keine Antwort darauf geben, ob Heinrich an diesen Kämpfen auf Sächsischer Seite beteiligt war.

3. Die Königserhebung

Die schwierigste Problematik in der Rekonstruktion der Ottonischen Geschichte lag in der Wahl Heinrichs zum ostfränkischen König. Die Quellen, die zeitlich am nächsten zu diesem Ereignis verfasst wurden, entstanden erst drei bis vier Jahrzehnte später. Die Chronologie jedenfalls lässt sich mithilfe dieser Darstellungen rekonstruieren.

Konrad I. verstarb im Dezember des Jahres 918. Fünf Monate später wurde Heinrich in Fritzlar zum König von Franken und Sachsen gewählt. In Bayern und Alemannien hatten Arnulf und Burchard gegen den Widerstand des toten Herrschers die Stellung als Herzöge erlangt. Konrad war zuletzt nur noch im östlichen Franken und in Sachsen anerkannt. Es drohte ein Zusammenbruch des Reiches entlang der Grenzlinien. Die Suche nach einem Nachfolger dauerte beinahe 5 Monate. Vermutlich fanden intensive Verhandlungen zwischen den Großen des Reiches statt.[4] Jedoch berichtet keine zeitgenössische Quelle über derartige Bemühungen. Wir sind deshalb auf Darstellungen angewiesen, die von Geschichtsschreibern verfasst worden sind, welche nicht nur in der Herrschaftszeit Ottos des Großen geschrieben haben, sondern diesem

---

[4] Vgl. Hlawitschka, Eduard, Untersuchungen zu den Thronwechseln der ersten Hälfte des 11. Jahrhunderts und zur Adelsgeschichte Süddeutschlands, Sigmaringen 1987, S. 255 ff.

äußerst wohlwollend gegenüberstanden. Die Kenntnis über seine Erfolge hatte großen Einfluss auf die Berichte über die Königserhebung seines Vaters. Widukind von Corvey, Adalbert von Magdeburg und Liudprand von Cremona zählten zu diesen zeitgenössischen Geschichtsschreibern.

Widukind von Corvey schildert, dass der sterbende Konrad seinem Bruder Eberhard den Liudolfinger Heinrich als seinen Nachfolger befürwortet hat. Er habe dementsprechend auf die Stärke der Sachsen und Heinrichs Tauglichkeit hingewiesen. Adalbert äußerte den gleichen Wunsch gegenüber vielen Verwandten. Liudprand vertrat diesen Wunsch ebenfalls, nennt aber einen anderen Adressatenkreis, zu dem Eberhard als auch die anderen Herzöge zählten. Die Darstellungen der drei genannten Geschichtsschreiber unterscheiden sich in mehreren Punkten, welche zu der Annahme führen, dass sie nicht durch dieselbe Erzählgemeinschaft geprägt worden sind.

Es sollte also nicht nur nach den Motiven der Geschichtsschreiber gefragt werden, sondern vielmehr nach den Intentionen der Handelnden im Jahre 919. Dank der Willensäußerung Konrads erscheint Heinrich I. als Wunschnachfolger seines Vorgängers. Dies war ein zusätzlicher Aspekt, welcher zu der Legitimierung seiner Königserhebung beitrug. Die Anweisungen des sterbenden Vorgängers entzog den Verwandten, beispielsweise seinem Bruder Eberhard, das Streben nach der Königswürde. Diese Fakten motivierten also den Verzicht der Verwandten des vorherigen Herrschers. Der zentrale Punkt dieser Geschichte ist also nicht die Designation selbst, sondern die Ereignisse zuvor. Wenn diese Designation tatsächlich stattgefunden hatte, stellt sich die Frage, aus welchem Grund nach dem Tod Konrads beinahe 5 Monate verstrichen, bis Heinrich schließlich zum König erhoben wurde. Vermutlich mussten sich die Konradiner zunächst einig über ihre Wünsche und Ziele werden und vor allem, ob sie die hohe Würde des Königsamtes und die damit verbundenen Lasten überhaupt ansteuern wollten. Die Einigung Heinrichs und der Konradiner fand dann schließlich sicher nicht ohne Absprachen und Verhandlungen statt. Demnach werden viele Wochen deshalb vergangen sein, da vielfältige Verhandlungen stattgefunden haben, bis eine endgültige Entscheidung getroffen wurde.[5]

Der angebliche Verzicht Konrads seiner Familie auf die Krone galt als staatsmännische Leistung.[6] Dieser Verzicht entsprach möglicherweise auch dem Interesse Eberhards und der Konradiner im Allgemeinen. Deren zentrales Ziel musste der Erhalt der konradinischen Machtposition in Rheinfranken, in Hessen und in Teilen des südlichen Sachsen. Konrad I. nutzte wohl auch die Ressourcen seiner eigenen Familie für seine Kämpfe, weshalb ein Verzicht auf die Königswürde vermutlich geboten, um eine Fortführung der Kämpfe mit Arnulf von Bayern und Burchard von Schwaben zu vermeiden. Eine Niederlage Eberhards hätte die Stellung der Familie zusätzlich geschwächt. Um die Stellung der Familie zu sichern, war der Verzicht auf die Königswürde möglicherweise notwendig. Die Konradiner gewannen einen neuen Bundesgenossen, da auch der neue König gegen die süddeutschen Machthaber vorgehen musste.

In dem Fall, dass diese Vermutungen sich bewahrheiten, blieb Eberhard in dieser Situation also nichts anderes übrig, als mit dem mächtigsten Adeligen in Sachen, Heinrich, Verhandlungen zu treffen.[7] Seit 915 war dieser im Gegensatz zu Arnulf und Burchard ruhig geblieben, weshalb er am ehesten als Partner in Frage kam. Möglicherweise war es sogar zeitweise vollkommen offen, wer von ihnen die Königswürde übernehmen sollte. Heinrich darf man diesbezüglich Ambitionen unterstellen, die aus den Traditionen seines Geschlechts erwuchsen.[8]

---

[5] Vgl. Becher, Matthias, Otto der Große, München 2012, S.78.
[6] Fleckenstein, Josef, das Reich der Ottonen im 10. Jahrhundert, in: Gebhardt. Handbuch der deutschen Geschichte I., hrsg. Von Herbert Grundmann, Stuttgart 1970, S.223.
[7] Vgl. Lintzel, Martin, Zur Designation und Wahl König Heinrichs I., in: Deutsches Archiv für Erforschung des Mittelalters 6 (1943) S.56 in: Königswahl und Thronfolge in ottonisch-frühdeutscher Zeit, hrsg. von Eduard Hlawitschka, Darmstadt 1971, S.46-70.
[8] Fried, Johannes, Die Königserhebung Heinrichs I. Erinnerung, Mündlichkeit und Traditionsbildung im 10. Jahrhundert, in: Mittelalterforschung nach der Wende 1989, hrsg. von Michael Borgolte (Historische Zeitschrift. Beihefte. N.F.20), München 1995, S.299 in: Ders., Zu Gast im Mittelalter, München 2007, S.45-80.

Heinrich war der Neffe des Karolingers Ludwig der Jüngere, seine Schwester war mit König Zwentibold vermählt. Trotz zurückliegender verwandtschaftlicher Nähe zu König Ludwig über zwei Generationen, waren sie dennoch Widukind von Corvey noch bekannt.

Zudem wies Heinrich einen weiteren positiven Aspekt auf: Eberhard besaß keine männlichen Erben, während Heinrich dem Adel zumindest die Möglichkeit einer Dynastie und infolgedessen für wünschenswerte Beständigkeit der Thronfolgeverhältnisse im Reich sorgte.

Wenn König Konrad noch in den Kategorien des ostfränkischen Reichs dachte und dessen Bestand erhalten und zudem verhindern wollte, dass sein Bruder Eberhard die Kräfte des Reiches und seiner eigene Familie in dem gleichen vergeblichen Kampf wie er selbst erschöpfte, dann musste er diese Konsequenz ziehen. Heinrichs Machtbereich, also das gesamte Sachsen mit den benachbarten thüringischen und hessischen Gebieten, war nicht mehr in das reich zu integrieren. Die einzige Möglichkeit dafür lag in der Königserhebung Heinrichs.

Konrad hatte bis zu seinem Tod um einen Erfolg gekämpft und hoffte, dass die Zusammenführung seines reiches mit dem von Heinrich die Mittel verschaffen, um die von ihm bekämpften herzöglichen Kräfte zurückzustoßen.

4. Fazit

So übernahm Heinrich mit knapp 40 Jahren im Jahre 919 die Königswürde, jedoch war seine Legitimation bezüglich seines Herrschaftsanspruchs über das gesamte ostfränkische Reich sehr schwach. Er konnte sich nicht auf die Blutsverwandtschaft mit dem bisher allein zur Königswürde berechtigen Geschlecht berufen. Heinrich war der einzige von allen nichtkarolingischen Königen, die nach 888 im fränkischen Großreich zum König erhoben wurden, der nicht einmal dem fränkischen Stamm angehörte. Somit nahm nicht nur ein Sachse den Königstitel an, sondern er beanspruchte zudem noch die Herrschaft über einen Teil des Frankenreichs. Als sich Franken und Sachsen einig waren und man in Fritzlar den neuen König erhob, verzichtete Heinrich auf die Salbung und Krönung. Diese wurde ihm von dem Erzbischof Heriger von Mainz angeboten. Dieser Verzicht, den nur Widukind schildert, stellte womöglich eine der persönlichsten Entscheidungen Heinrichs dar. Dieses ungewöhnliche Verhalten sollte einen Neubeginn signalisieren.

Der Verzicht auf die Salbung kann nicht als Distanziertheit zu Kirche und Religion gesehen werden, da er von Anfang an die vornehmste Königsaufgabe wahrgenommen hat: Die Sorge für die Kirche und das kirchliche Leben. Er begann seine Königsherrschaft im Bündnis mit den Großen und verzichtete absichtlich auf die karolingische Tradition der Herrschaftslegitimation, da er nicht gerade an das herrscherliche Selbstverständnis der Karolinger anschließen wollte. Sein Vorgänger Konrad ist schließlich mit seinem traditionell karolingischen Herrschaftsanspruch am Widerstand der Großen gescheitert.

BEI GRIN MACHT SICH IHR WISSEN BEZAHLT

- Wir veröffentlichen Ihre Hausarbeit, Bachelor- und Masterarbeit

- Ihr eigenes eBook und Buch - weltweit in allen wichtigen Shops

- Verdienen Sie an jedem Verkauf

Jetzt bei www.GRIN.com hochladen und kostenlos publizieren